QI-3

Texte : The Puzzle House
Conception : Chalk & Cheese

Tous droits réservés
© 2001 Top That! Publishing plc
Pour le Canada
© Les éditions Héritage inc. 2002
Traduit de l'anglais par Brigitte Amat
Révisé par Ginette Bonneau
Imprimé en Italie

Héritage jeunesse

1 LES CUBES

Voici plusieurs vues du même cube. Chacune des six faces est de couleur différente. Quelle est la couleur de la face opposée à la face rouge?

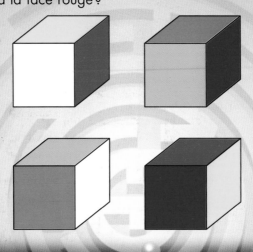

2 SAUTE-LETTRES

Cet ensemble de lettres donne deux mots de cinq lettres désignant chacun un vêtement. Les mots se lisent de gauche à droite et les lettres sont dans le bon ordre. De quoi s'agit-il?

GVEASNTTSE

/

CASSE-TÊTE

Quatre enfants ont terminé un casse-tête. Chacun a mis une pièce à la place qui convenait. À l'aide des indices ci-dessous, devine quelle pièce chacun d'eux a posée et dans quel ordre.

- Les garçons ont posé les pièces du bas. Aucun d'eux n'a posé la dernière pièce.

- La pièce de Julie touche toutes les autres.

- La pièce de Danny n'est pas directement sous celle de Julie.

- Vanessa a posé sa pièce avant Carl.

- La pièce du bas, à gauche, a été la première pièce posée.

DANNY

VANESSA

JULIE

CARL

4

LE MOT DE LA FIN

Quel mot vient après les mots ci-dessous pour en former de nouveaux?

T A B L E _____

R A T E _____

P O I R E _____

5

CODE PAS BÊTE

Dans ce code, des formes remplacent des lettres de l'alphabet. La première rangée de formes donne ÉLÉPHANT. Quel animal se cache dans le second groupe?

É L É P H A N T

LES ÉCHANGEURS

Trouve la route qui te conduira du cercle vert, en haut, à gauche, au cercle orange de la dernière rangée, en passant par les échangeurs. Les cercles peuvent pivoter pour te permettre d'accéder à une autre voie, mais tu dois d'abord te poser dessus.

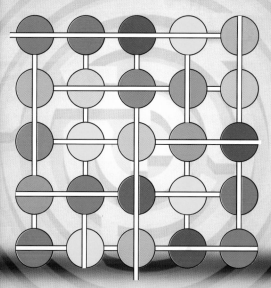

MÉLI-MÉLO

Réorganise les lettres du mot ci-dessous pour former un autre mot de six lettres.

A N N O T E

_ _ _ _ _ _

Indice

SURPRIT

8 LE NOMBRE PASSE-PARTOUT

Complète le mot avec un nombre entier entre 1 et 10.

E M P R _ _ T E R

9 LE TEMPLE EN RUINE

Au cœur de la jungle épaisse se trouvent les vestiges d'un temple du peuple Ousomnou. Pendant longtemps et malgré leurs pieds endoloris, ces êtres courageux ont erré à travers la jungle en criant « Ousomnou? ». Cela fait bien des siècles qu'ils ont disparu, mais une inscription sur le temple en ruine révèle qu'ils ont essayé de laisser un message à leurs successeurs. Peux-tu le déchiffrer?

LE CHAÎNON MANQUANT

10

Quel mot vient après le premier et avant le deuxième?

A U T O (_ _ _) T O U C H E

À DOUBLE SENS

11

Trouve l'énigme: la deuxième réponse est la première à l'envers.

D I S T R A I R E   *   C O N D E N S A

_ _ _ _ _ _ _   *   _ _ _ _ _ _ _

ÉQUATION VERBALE

12

En te servant de mots qui ont le même sens, peux-tu créer un nouveau mot?

PAS FAIBLE _ _ _ _

+ SEULE + _ _ _

= RICHESSE = _ _ _ _ _ _ _

DU GRAND ART

Peux-tu, à partir du mot ART, remettre à leur place ces mots de trois lettres?

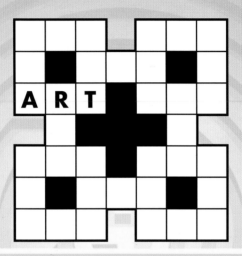

ART	ÉPI	FIL	LUE	PEU	SEL	UNI
DUE	ÈRE	ÎLE	NIE	PLI	SOU	USE
ÉCU	FIA	LOT	OIE	ROC	SUD	

CAMOUFLAGE

Le nom d'un fruit se cache dans la phrase suivante. Trouve-le en regroupant des mots ou des parties de mots.

Pablo range toujours soigneusement ses affaires.

THÉODORE ADORE...

- Théodore adore le thé mais il a horreur du lait.
- Théodore adore les ailes de poulet mais il a horreur du poisson.
- Théodore adore les baies mais il a horreur des poires.
- Pourquoi?

À VISAGE DÉCOUVERT

Forme un prénom avec ces lettres qui dessinent un visage.

ANIMAUX EN FOLIE

Remets de l'ordre dans les mots ci-dessous
pour obtenir des noms d'animaux.

① **LOUPE** _____

② **SIGNE** _____

③ **NICHE** _____

④ **AVEU** _____

⑤ **CÂPRE** _____

18

MOTS AU CARRÉ

Sachant que tous les mots doivent se lire verticalement et horizontalement, complète les carrés à
l'aide de la liste ci-dessous. Chaque carré doit
contenir le mot ÊTRE.

ÊTES, ÊTRE, ÊTRE, FINE, ÎLOT, NOIR, RITE, TOIT

ET QUE FLOTTE LE DRAPEAU!

Chaque drapeau correspond à une lettre qui dans l'exemple donne le nom anglais de l'Espagne. En te servant du code, découvre le nom d'une ville européenne.

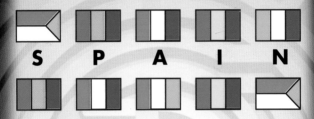

S P A I N

___ ___ ___ ___ ___

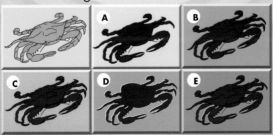

SILHOUETTE

Laquelle de ces silhouettes correspond à la forme en rouge?

21

QUATRE TROUS D'UN COUP!

Quel mot de trois lettres permet de compléter tous les mots ci-dessous?

> P A N _ _ _ T E
>
> _ _ _ O T T E
>
> B R A N _ _ _ D
>
> L U _ _ _ N E

22

TOUT COMPTE FAIT

Combien de triangles contient cette figure?

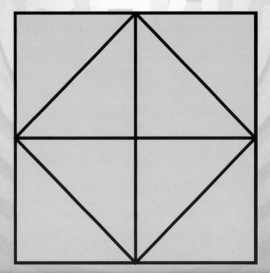

MÉLI-MÉLO

Réorganise les lettres du mot ci-dessous pour en former un autre de sept lettres.

T R E S S E R

_ _ _ _ _ _ _

Indice
SERT DEUX
FOIS

TOUJOURS PLUS

Si le premier groupe de symboles donne le mot MIL, quelle quantité donne le deuxième?

M I L

_ _ _ _ _ _ _

25

LA RONDE DES LETTRES

Quelle lettre doit figurer dans l'espace ?

26

LE MOT DE LA FIN

Quel mot vient après les mots ci-dessous pour en former de nouveaux ?

ADROITE _____

GRANDE _____

MORALE _____

ÉTOILES EN FOLIE

Toutes les réponses sont des mots de quatre lettres se lisant dans le sens de la flèche.

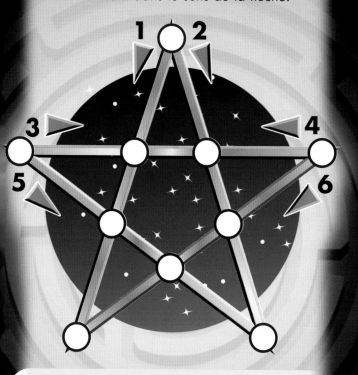

1. Membres supérieurs du corps
2. Se désaltère
3. Excessivement
4. Action de porter
5. Diplomatie
6. Sommets

CHAQUE NOMBRE À SA PLACE

Remets chaque nombre à sa place dans le carré.

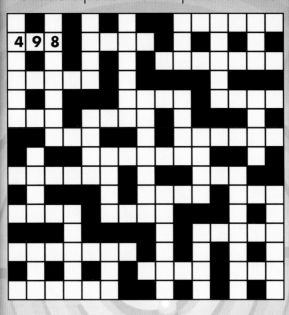

3 chiffres
143 269 319 418 498 571 636
730 854 922

4 chiffres
1060 1139 2016 2873 3000 3227
4406 5891 6082 7030 7645 8107
9145 9543 9768 9844

5 chiffres
18341 24937 45780 80265

6 chiffres
122259 201495 474934 546828
660571 752360 814073 939406

7 chiffres
1039362 5852544 6676988
7486512 8557816 9963237

EN MILLE MORCEAUX

Il manque un morceau à chaque lettre.
Peux-tu le recoller pour rétablir le mot?

CAMOUFLAGE

Le nom d'un pays se
cache dans chacune
des phrases ci-dessous.
Trouve-le en regroupant
des mots ou des parties
de mots.

1 Préfères-tu camper ou aller à l'hôtel?

2 Agénor, végétarien? Pas possible?

3 Pierre invita Liette à souper.

31 EN BON ORDRE

D'après les formes en place, dans quel ordre faut-il mettre les dernières?

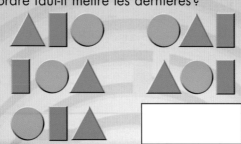

32 À DOUBLE SENS

Trouve l'énigme: la deuxième réponse est la première à l'envers.

SÉPARER ✱ TRACÉ DE NOUVEAU
_ _ _ _ _ _ _   ✱   _ _ _ _ _ _ _

33 SAUTE-LETTRES

Cet ensemble de lettres donne deux mots de cinq lettres désignant chacun un métal. Les mots se lisent de gauche à droite et les lettres sont dans le bon ordre. De quoi s'agit-il?

A E C I T E A R I N
/ _____

DEMI-SŒURS

Pour chaque question, il y a deux indices, donc deux réponses. Les deux réponses s'écrivent presque de la même façon; seule la lettre du milieu est différente.

1 Première partie du jour ★ Rusé

RÉPONSES: _____

2 Forteresse ★ Couvre-chef

RÉPONSES: _____

3 Véhicule ★ Ensemble de voiles

RÉPONSES: _____

4 Bout de bois ★ Titre de noblesse

RÉPONSES: _____

5 Sensation pénible ★ Sensation agréable

RÉPONSES: _____

PLUS OU MOINS?

Quel est le chiffre le plus élevé? Le nombre d'heures dans une semaine ou le nombre de jours dans six mois, quels que soient les mois?

_____

36

QUESTION JUTEUSE

Tu es dans un supermarché. Tu avances dans une rangée où il y a des jus de fruits à droite. Tu en comptes dix marques différentes et dix bouteilles de chaque marque. Une fois au bout de la rangée, tu t'aperçois que tu as oublié quelque chose et tu fais demi-tour. Sur ta gauche, tu vois dix marques de jus différentes et dix bouteilles de chaque marque. Combien de bouteilles de jus as-tu vues en tout ?

37

QUI SUIS-JE ?

Mon premier est dans menu mais pas dans vertu.
Mon deuxième est dans non mais pas dans nuit.
Mon troisième est dans nous mais pas dans vous.
Mon quatrième est dans doux mais pas dans houx.
Mon cinquième est dans elle mais pas dans lui.
Je suis la terre sur laquelle tu vis,
Je suis les océans et le ciel !
QUI SUIS-JE ?

LE CERCLE MAGIQUE

À l'aide des indices, trouve la bonne réponse et inscris-la dans l'espace correspondant sur la cible. Inscris la première lettre dans le cercle extérieur, puis progresse vers le centre. Une seule lettre change d'une réponse à l'autre, et le huitième mot n'aura qu'une lettre de différence par rapport au premier.

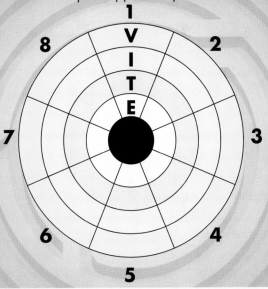

1. Rapidement
2. Coutume
3. Ville
4. Pour les chaussures
5. Prêtre
6. Fruit du mûrier
7. Pour bien viser
8. Insecte

39

LE FRUIT INVISIBLE

Dans ce jeu, tu dois remettre en ordre les lettres de l'alphabet, qui n'apparaissent chacune qu'une fois, et trouver celles qui manquent. Agence les cinq lettres manquantes de manière à obtenir le nom d'un fruit.

Z F W H V A S
Y T C K I X L B
Q O G M D J

40

LA ROUE DES NOMBRES

En tenant compte de la direction des flèches, trouve le nombre qui doit figurer dans la section verte pour continuer la suite.

64

32

4

8   16

À TABLE!

Des formes et des symboles remplacent des lettres de l'alphabet. Peux-tu retrouver les mots cachés? Ils représentent tous des choses que l'on met sur une table à l'heure du repas. Le premier mot est VERRE.

1. ◆ ❋ ☹ ☹ ❋
2. ▭ ❀ ⊱ ◆ ☹ ❋
3. ◆ ⊱ ☞ ☼ ☹ ❋

VERRE
_____
_____

LE CHAÎNON MANQUANT

Quel mot vient après le premier et avant le deuxième?

POU(_ _ _)SEIGNEUR

À DOUBLE SENS

Trouve l'énigme: la deuxième réponse est la première à l'envers.

GENTILS ✶ HAUTAIN

_ _ _ _ _ ✶ _ _ _ _ _

LES QUATRE COINS

Des lettres sont déjà en place dans les coins.
À l'aide des lettres ci-dessous, complète la
grille pour que les mots se lisent aussi bien
horizontalement que verticalement.

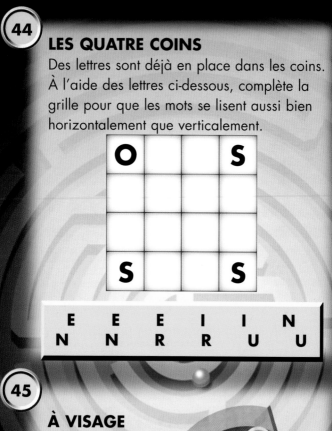

O			S
S			S

E	E	E	I	I	N
N	N	R	R	U	U

À VISAGE DÉCOUVERT

Forme un prénom
avec ces lettres
qui dessinent
un visage.

ÉQUATION VERBALE

(46)

En te servant de mots qui ont le même sens, peux-tu créer un nouveau mot?

POSSÈDE — _

+ EXISTES + _ _ _

= NOTICE = _ _ _ _

UN PEU D'ORDRE!

(47)

Peux-tu remettre en ordre les lettres de ces mots qui désignent des formes différentes?

① CEON _____

② BUEC _____

③ RECAR _____

④ ECLERC _____

⑤ ANRTCELEG _____

MÉLI-MÉLO

Réorganise les lettres du mot ci-dessous
pour former un autre mot de sept lettres.

R I P O S T E

_ _ _ _ _ _ _

Indice
COURRIER

POURTOUR

Combien de blocs faut-il ajouter pour que
la rangée supérieure prenne les mêmes
dimensions que la rangée inférieure?

LE MOT DE LA FIN

Quel mot vient après les mots ci-dessous
pour en former de nouveaux?

PERCE_____

CHASSE _____

MOTO_____

QUATRE TROUS D'UN COUP !

Quel mot de trois lettres permet de
compléter tous les mots ci-dessous ?

S A I _ _ _

R A I _ _ _ N E

V I _ _ _

P O I S _ _ _ N I E R

QUART DE TOUR

Met les mots de la liste à la place qui
convient. Dans chaque carré, les mots peuvent
se lire aussi bien horizontalement que
verticalement. Un mot est déjà inscrit pour
t'aider à démarrer.

DEMI	NEUF
DIRE	NIER
DUES	OBÉI
ÉDEN	ORNE
ÉMUE	PERD
ÉTAU	RÂPE
INDU	REÉR
MORD	SOIN

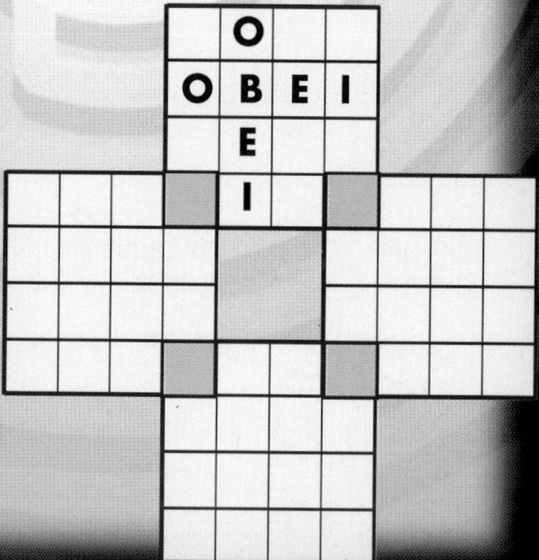

MÉLI-MÉLO

Réorganise les lettres du mot ci-dessous
pour former un autre mot de sept lettres.

R E M I S E S

_ _ _ _ _ _ _

Indice

ROI

CRÈME GLACÉE

Devine comment s'appellent ces filles et garçons et quelle est la saveur de crème glacée
préférée de chacun
et chacune.

1

Katie aime celle
à la pistache.

Un des deux
garçons aime celle
au chocolat.

2

3

J'aime celle
à la vanille. Je ne
m'appelle pas Ben.

Liza aime celle
à l'orange, mais
pas Alain.

4

LE TOUR EST JOUÉ

Tu as cinq casquettes de baseball dans un sac en plastique. Tu en donnes une à chacune et chacun de tes camarades et tu t'arranges pour ne pas avoir de sac vide. Comment fais-tu?

ÉQUATION VERBALE

En te servant de mots qui ont le même sens, peux-tu créer un nouveau mot?

LOMBRIC _ _ _ _

+ RÉCIPIENT + _ _ ' _ _

= SIGNE DU ZODIAQUE = _ _ _ _ _ _ _

UNE TÊTE BIEN PLEINE

Toutes ces têtes se composent de chiffres. Quand on additionne les chiffres, laquelle donne le total le plus élevé?

A

B

C

D

LE CHAÎNON MANQUANT

Quel mot vient après le premier et avant le deuxième?

POUR(_ _ _ _)QUE

MOTS À LIER

Les mots suivants ont été coupés en deux et leurs morceaux éparpillés. Peux-tu réunir les deux parties de chaque mot?

FIL	1	a	POINTE
GRIS	2	b	BÂILLER
LARGE	3	c	LE
COURTE	4	d	COUS
COUS	5	e	ÂTRE
ENTRE	6	f	MENT

MÉLI-MÉLO

Réorganise les lettres du mot ci-dessous pour former un autre mot de sept lettres.

PIRATES

_ _ _ _ _ _ _

Indice
MORCEAUX

61

LE NOMBRE PASSE-PARTOUT

Complète le mot avec un nombre entier entre 1 et 10.

_ _ _ _ _ R E

62

LE DONJON DE LA MORT

Trouve un passage à travers les cellules du donjon pour t'en échapper !

DÉPART

ARRIVÉE

LE MOT DE LA FIN

Quel mot vient après les mots ci-dessous
pour en former de nouveaux ?

E N T R E _____

D E _____

C A _____

MOTS AU CARRÉ

À l'aide de la liste de mots, complète ces
trois carrés de façon que les mots se lisent
aussi bien horizontalement que verticalement.
Le mot TRUC doit figurer dans tous les carrés.

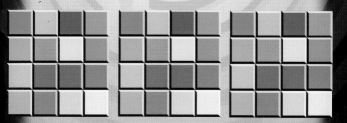

CARI ÉCRU ÊTRE ÔTER REVU
RUER RUSA TORT TRUC TRUC
TRUC USER

65

ÉQUATION VERBALE

En te servant de mots qui ont
le même sens, peux-tu créer
un nouveau mot?

CUBE À POINTS — —

+ ABRI EN TOILE + — — — — —

= RELAXATION = — — — — — — —

66

QUATRE TROUS D'UN COUP!

Quel mot de trois lettres permet de compléter
tous les mots ci-dessous?

_ _ _ S E

C O M _ _ _

R E _ _ _ S E R

_ _ _ S A G E

67

QUESTION D'OBSERVATION

Est-ce la croix ou l'étoile qui sera reportée le souvent dans les formes de couleur?

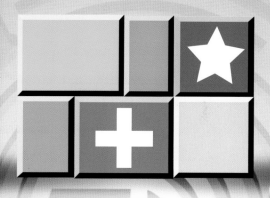

68

CAMOUFLAGE

Le nom d'un animal sauvage se cache dans la phrase ci-dessous. Trouve-le en regroupant des mots ou des parties de mots.

La cour se vide peu à peu des enfants qui y jouaient.

69

LE CHAÎNON MANQUANT

Quelle suite de lettres vient après le premier mot et avant le deuxième?

CROC(_ _)LICE

LES NOMS PROPRES

Chaque visage remplace une lettre de l'alphabet. La première rangée donne IRÈNE. La deuxième JEAN. Quel est le prénom dans la troisième?

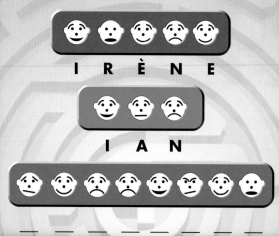

I R È N E

I A N

_ _ _ _ _ _ _ _

SAUTE-LETTRES

Cet ensemble de lettres donne deux mots de cinq lettres désignant chacun une race de chien. Les mots se lisent de gauche à droite et les lettres sont dans le bon ordre. De quoi s'agit-il?

B O H U S X E R K Y

_____/_____

DANS LA BERGERIE

Quel mouton est différent des autres?

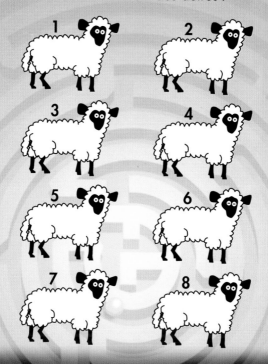

À DOUBLE SENS

Trouve l'énigme: la deuxième réponse est la première à l'envers.

DESSINÉ ✳ **DÉCALAGE**

_ _ _ _ _ _ ✳ _ _ _ _ _

FRUITÉ

74

Lequel de ces noms de fruits a le plus de lettres en commun avec « manger » ?

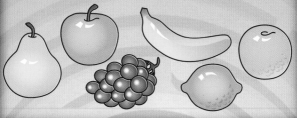

75

CAMOUFLAGE

Le nom d'un métal se cache dans chacune des phrases suivantes. Trouve-le en regroupant des mots ou des parties de mots.

1 L'autocar, gentiment, a démarré.

2 Voyagez incognito.

3 Une pause-café redonne de l'énergie !

4 On a arrêté et a inculpé le malfaiteur.

5 Le zoo rouvrira demain.

LA ROUE DES NOMBRES

En tenant compte de la direction des flèches, trouve le nombre qui doit figurer dans la section verte pour continuer la suite.

31

31

28

30

31

LE NOMBRE PASSE-PARTOUT

Complète le mot avec un nombre entier entre 1 et 10.

_ _ _ _ U I È M E

LA PYRAMIDE

Remets les mots à leur place dans la pyramide. Chaque mot s'inscrit dans une mini-pyramide. La première lettre de chaque mot doit figurer dans un espace numéroté, la deuxième juste au-dessus, la troisième à droite et la quatrième à gauche. Il y a déjà une lettre pour commencer, mais, attention, il n'y a qu'une seule solution !

AIMA   ÉMOI   USAI

AMIS   RAIE   VIEL

MÉLI-MÉLO

Réorganise les lettres du mot ci-dessous pour former un autre mot de sept lettres.

B Â I L L E R

_ _ _ _ _ _ _

Indice

AVEUGLE

DISQUES COMPACTS

Diane collectionne les CD.

Les CD de musique pop constituent la moitié de sa collection.

Les CD de musique de danse en constituent le quart.

Les CD de musique rock en constituent le huitième.

Elle a quatre CD de bandes sonores.

Combien de CD a-t-elle en tout?

LE CHAÎNON MANQUANT

Quel mot vient après le premier et avant le deuxième?

A N G L E (_ _ _ _) P L E I N

LE COUP DU CHAPEAU
Quelle flèche n'a pas traversé le chapeau?

LE MOT DE LA FIN
Quel mot vient après les mots ci-dessous
pour en former de nouveaux?

UNIS _____

MAI _____

POIS _____

D'UNE GRILLE À L'AUTRE

Les mots à inscrire dans le carré se lisent aussi bien horizontalement que verticalement. Tu dois en trouver cinq dans la grille pour compléter le carré. Le premier a déjà été trouvé pour toi.

F	R	I	O	N	S
T	A	U	L	I	C
E	M	J	B	L	A
N	I	M	O	L	R
T	E	I	O	U	T
E	S	S	E	S	E

C	A	R	T	E
A				
R				
T				
E				

LE CODE DES FRUITS

Peux-tu déchiffrer le code et trouver quatre fruits? Si PÊCHE s'écrit QFDIF et si FRAMBOISE s'écrit GSBNCPJTF, quels sont les fruits suivants?

① Q P N N F

② S B J T J O

③ D J U S P O

④ D F S J T F

POINTS DE REPÈRE

Les ouvertures dans le carton rouge laissent entrevoir un chiffre. Peux-tu dire duquel il s'agit?

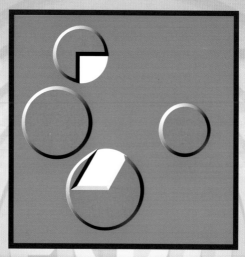

LA BONNE PAIRE

Mademoiselle Toutantoc a une boîte de bijoux pleine de boucles d'oreille. Elle n'en a que de deux sortes: en or et en argent. Toutes les boucles d'oreilles sont de la même taille et ont la même forme. Mademoiselle Toutantoc est en retard pour aller souper et, sans regarder, elle prend quelques boucles d'oreilles dans la boîte. Combien de boucles d'oreilles devrait-elle avoir pris pour être sûre d'avoir la paire?

LA ROUE DES NOMBRES

En tenant compte de la direction des flèches, trouve le nombre qui doit figurer dans la section verte pour continuer la suite.

88

50

22   43

29   36

À VISAGE DÉCOUVERT

89

Forme un prénom avec ces lettres qui dessinent un visage.

SAUTE-LETTRES

90

Cet ensemble de lettres donne deux mots de cinq lettres désignant chacun une couleur. Les mots se lisent de gauche à droite et les lettres sont dans le bon ordre. De quoi s'agit-il?

B E M A I U V G E E

/

VIDÉO PLUS

Insère les mots suivants dans la grille.

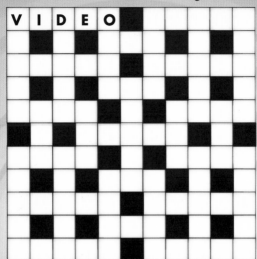

3 LETTRES

4 LETTRES

5 LETTRES

À DOUBLE SENS

Trouve l'énigme : la deuxième réponse est
la première à l'envers.

GRIFFES * ABRITE LES PLANTES

_ _ _ _ _ _ _ * _ _ _ _ _ _ _

L'HEURE JUSTE

Quelle horloge de la case verte devrait
logiquement se trouver en F ?

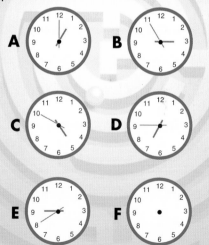

MÉLI-MÉLO

Réorganise les lettres du mot ci-dessous pour former un autre mot de sept lettres.

C H E M I N A

_ _ _ _ _ _ _

Indice
APPAREIL

D'UN COUP D'ŒIL

Lequel de ces deux traits est le plus long : A ou B?

A   **B**

QUATRE TROUS D'UN COUP!

Quel mot de trois lettres permet de compléter tous les mots ci-dessous?

```
C A R _ _ _ S E
    E N _ _ _
F R I _ _ _ S E E
C O _ _ _ S E
```

ÉQUATION VERBALE

En te servant de mots qui ont le même sens, peux-tu créer un nouveau mot?

GRAINE D'UNE GOUSSE _ _ _ _

+ LE SIEN + _ _ _ _

= AIME BIEN L'EAU = _ _ _ _ _ _ _ _

LE BILLET GAGNANT

À partir des informations fournies, redonne à chaque enfant son billet et devine quel prix il ou elle a gagné.

A

B Je m'appelle Laura. Ce n'est pas le billet qui contient le 6 qui a gagné la boîte de chocolat.

Sur mon billet, le même chiffre se répète trois fois.

Les deux filles ont des billets dont le total donne un nombre pair.

C

D

Le billet d'Antoine porte un nombre plus grand que celui de Steve.

156 **444** **463** **555**

GAGNÉ PAR 444

GAGNÉ PAR SARAH

LE MOT DE LA FIN

Quel mot vient après les mots ci-dessous pour en former de nouveaux?

CONTRE_____

ME_____

RE_____

DANS LE MILLE

Quels sont les trois nombres qu'il faut viser pour totaliser exactement 100 points?

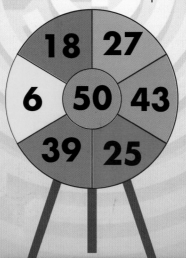

MOSAÏQUE

Place les paires de lettres dans les briques.
Une fois que toutes les briques sont posées dans
l'ordre correct, la mosaïque comporte cinq mots
que l'on peut lire horizontalement et quatre mots
que l'on peut lire verticalement.

A C
A M
I L
N E
A E E R
R T T T

SAUTE-LETTRES

Cet ensemble de lettres donne deux mots de
cinq lettres désignant chacun un moyen de
transport. Les mots se lisent de gauche à
droite et les lettres sont dans le bon ordre.
De quoi s'agit-il?

A V T R I A I O N N
/

NI PLUS NI MOINS

En passant d'une rangée à l'autre, tu dois supprimer une lettre de ta réponse. Après la quatrième rangée, il faut rajouter une lettre chaque fois, jusqu'à la fin de la pile. Tu peux changer l'ordre des lettres si nécessaire.

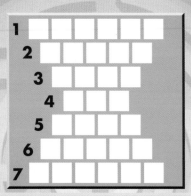

① Comédien   ④ Parce que

② Empreinte   ⑤ Angoisse

③ Lignée   ⑥ Différence

                   ⑦ Salir

104

LE CHAÎNON MANQUANT

Quel mot vient après le premier et avant le deuxième?

C H O U (_ _ _ _) F L E U R

JAMAIS LE MÊME

Va d'un chiffre à l'autre, de la première rangée jusqu'au dernier chiffre, sans jamais repasser sur le même.

8 6 7 6 7 5 1 9 8

2 5 6 8 8 3 4 1

3 4 7 3 5 9 1

6 9 2 7 8 4

5 3 4 6 2

1 8 9 3

6 5 4

4 7

1

MÉLI-MÉLO

Réorganise les lettres du mot ci-dessous pour former un autre mot de sept lettres.

N O T I C E S

_ _ _ _ _ _ _

Indice

PARTIE

À L'ABRI!

Peux-tu démêler ces lettres pour retrouver
le nom d'abris pour animaux?

① **CENHI** _____

② **ATELBE** _____

③ **CEUIRE** _____

④ **NETRA** _____

⑤ **ANETIER** _____

À DOUBLE SENS

Trouve l'énigme: la deuxième réponse est la
première à l'envers.

SERPENTER ✳ **ENSEMBLE**

_ _ _ _ _ _ _ ✳ _ _ _ _ _ _ _

109

QUATRE TROUS D'UN COUP !

Quel mot de quatre lettres permet de compléter tous les mots ci-dessous ?

COU_ _ _ _

_ _ _ _MENT

IM_ _ _ _

DÉCOU_ _ _ _

110

ÉQUATION VERBALE

En te servant de mots qui ont le même sens, peux-tu créer un nouveau mot ?

ÉTENDUE D'EAU	_ _ _
+ SOINS	+ _ _ _ _
= PLANÈTE	= _ _ _ _ _ _ _ _

111

LA ROUE DES NOMBRES

En tenant compte de la direction des flèches, trouve le nombre qui doit figurer dans la section rose pour continuer la suite.

13

65   26

52   39

112

NÉGATIF

Laura lit la tête en bas.

Myriam lit de droite à gauche.

Ninon, par contre, lit comme nous, de gauche à droite.

Quel est le mot qui, en lettres majuscules, sera le même pour ces trois amies?

À LA TRACE

L'une des traces ci-dessous ne correspond
à aucun des pneus. Laquelle?

CAMOUFLAGE

Le nom d'un fruit se cache dans la phrase
ci-dessous. Trouve-le en regroupant des mots
ou parties de mots.

Je lui dirai sincèrement ce que je pense de lui.

115

LE GRAND DÉCOMPTE
Quel groupe de figures aura le plus
de côtés?

X 23

X 8

X 14

116

LE CHAÎNON MANQUANT
Quel mot vient après le premier et avant
le deuxième?

NOYA(_ _)MAIN

117

LE MOT DE LA FIN
Quel mot vient après les mots ci-dessous pour
en former de nouveaux?

MÉ _____

RE _____

SUR _____

MOTS CROISÉS

Mets à la place qui convient dans la grille les neuf carrés ci-dessous de manière à ce que les mots se lisent aussi bien horizontalement que verticalement.

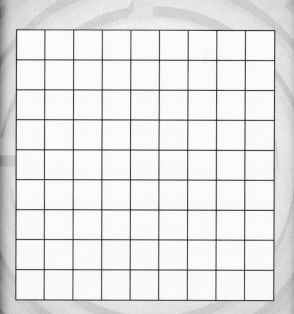

EN FORME !

Dans cette addition, des
formes remplacent des
chiffres. Peux-tu deviner
quels sont ces chiffres ?

LA BOÎTE À MUSIQUE

Trouve le nom d'un instrument de musique à
l'aide de toutes les lettres qui sont dans la
boîte.

C M A
O N H
I R A

S.O.S.

Sauve la situation en complétant la grille.
Chaque réponse comprend les lettres S, O
et S.

INDICES

1. Bruits   **2**. Doubles parfaits   **3**. Qui aiment le sport
4. Charcuteries   **5**. Au-dessus des yeux
6. Pièces de la maison   **7**. Planchers

LA RONDE DES LETTRES

Quelle lettre
faut-il inscrire
dans l'espace
restant?

123. CHASSÉS-CROISÉS

Il suffit de quatre morceaux pour former une croix identique à l'illustration. Quel morceau est de trop?

A
B
C
D
E

124. ELLE EST PARFOIS VERTE

Mon premier est dans sur mais pas dans pur.
Mon deuxième est dans orange mais pas dans étrange.
Mon troisième est dans un mais pas dans trois.
Mon quatrième est dans pour mais pas dans poux.
Mon cinquième est dans ici mais pas dans là.
Mon sixième est dans finesse mais pas dans fine.
QUI SUIS-JE?

125

PLUS OU MOINS ?

Quel est le chiffre le plus élevé ? Le nombre de lettres de la moitié de l'alphabet ou le nombre de fois où la petite aiguille d'un cadran passe sur le cinq en une semaine ?

____

126

QUATRE TROUS D'UN COUP !

Quel mot de quatre lettres permet de compléter tous les mots ci-dessous ?

_ _ _ _ É E

G _ _ _ _ E

B O O M E _ _ _ _

F _ _ _ _ E

127

À DOUBLE SENS

Trouve l'énigme : la deuxième réponse est la première à l'envers.

BRISER * RETOUR DES VAGUES

_ _ _ _ _ _ * _ _ _ _ _ _ _

LES JUMEAUX

Lesquels sont absolument identiques?

1

2

3

4

5

6

ET
_____

BRANCHÉ

Ajoute un trait pour compléter la commande d'ordinateur ci-dessous.

MÉLI-MÉLO

Réorganise les lettres du mot ci-dessous pour former un autre mot de sept lettres.

(130)

T R A I T E S

_ _ _ _ _ _ _

 Indice

SPECTACLE

EN HAUT, EN BAS?

(131)

Y a-t-il davantage de flèches qui pointent vers le haut ou vers le bas?

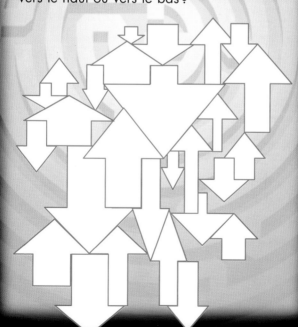

132

LE MOT DE LA FIN

Quel mot vient après les mots ci-dessous pour en former de nouveaux?

P A R _____

C O U _____

V A _____

133

LE NOMBRE PASSE-PARTOUT

Complète le mot avec un nombre entier entre 1 et 10.

T O _ _ D R A

134

CAMOUFLAGE

Le nom d'un animal de la jungle se cache dans la phrase ci-dessous. Trouve-le en regroupant des mots ou des parties de mots.

Quand on est poli, on dit merci!

ÉQUATION VERBALE

En te servant de mots qui ont le même sens,
peux-tu créer un nouveau mot?

N'EST PAS CONTRE — — — —

+ **APRÈS** + — — — — —

= **COURSE** = — — — — — — — —

LE SERPENT SOURNOIS

Quel est le serpent le plus long?

À VISAGE DÉCOUVERT

Forme un prénom avec ces lettres qui dessinent un visage.

A
N T T N
S
O

_____

SAUTE-LETTRES

Cet ensemble de lettres donne deux mots de cinq lettres désignant chacun un arbre. Les mots se lisent de gauche à droite et les lettres sont dans le bon ordre. De quoi s'agit-il?

H C Ê H Ê T N R E E

/
_____

QUATRE TROUS D'UN COUP!

Quel mot de quatre lettres permet de compléter tous les mots ci-dessous?

RE _ _ _ _ EMENT

MOU _ _ _ _ E

MO _ _ _ _

_ _ _ _ IVEMENT

LA ROUE DES NOMBRES

En tenant compte de la direction des flèches, trouve le nombre qui doit figurer dans la section verte pour continuer la suite.

1

2

120

24

6

141

À DOUBLE SENS

Trouve l'énigme: la deuxième réponse est la première à l'envers.

CALER DE NOUVEAU	*	CHAUSSURES
_ _ _ _ _ _ _ _	*	_ _ _ _ _ _ _ _

142

LE CHAÎNON MANQUANT

Quel mot vient après le premier et avant le deuxième?

M I (_ _ _ _) T E N A N T

143

ÉQUATION VERBALE

En te servant de mots qui ont le même sens, peux-tu créer un nouveau mot?

OPPOSÉ   _ _ _ _ _ _

+ DURÉE   +   _ _ _ _ _

= EMPÊCHEMENT =

_ _ _ _ _ _ _ _ _ _

TU VOIS ROUGE !

Rougemont est la ville des véhicules rouges.

- Dans la rue principale, deux voitures rouges en précèdent une autre.

- Deux voitures rouges en suivent une autre.

- La voiture du milieu est rouge.

Combien de voitures circulent nécessairement dans la rue principale ?

RÉPONSES

1 **LES CUBES**
jaune

2 **SAUTE-LETTRES**
gants, veste

3 **CASSE-TÊTE**
Danny a joué le premier et posé la pièce en bas, à gauche. Vanessa a joué en deuxième et posé la pièce en haut, à gauche. Carl a joué en troisième et posé la pièce en bas, à droite. Julie a joué la dernière et posé la pièce en haut, à droite.

4 **LE MOT DE LA FIN**
au

5 **CODE ZOOLOGIQUE**
léopard

6 **LES ÉCHANGEURS**

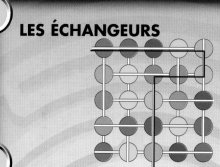

7 **MÉLI-MÉLO**
étonna

8 **LE NOMBRE PASSE-PARTOUT**
Un. Le mot formé est « emprunter ».

9 **LE TEMPLE EN RUINE**
Le message est : TU ES PERDU(E). Il faut tourner le livre.

10 **LE CHAÎNON MANQUANT**
car

11 **À DOUBLE SENS**
amuser/résuma

12 **ÉQUATION VERBALE**
fort + une = fortune

13 DU GRAND ART !

```
F I L   P L I
I   O I E   L
A R T   U S E
  O       O
E C U   S U D
R   N I E   U
E P I   L U E
```

14 CAMOUFLAGE

orange

15 THÉODORE ADORE

Théodore aime ce qui rappelle des lettres de l'alphabet, comme T, L, B.

16 À VISAGE DÉCOUVERT

Georges

17 ANIMAUX EN FOLIE

1. poule 2. singe 3. chien 4. veau
5. carpe

18 MOTS AU CARRÉ

```
E T R E     F I N E
T O I T     I L O T
R I T E     N O I R
E T E S     E T R E
```

19

ET QUE FLOTTE LE DRAPEAU!
Paris

20

SILHOUETTE
La silhouette C.

21

QUATRE TROUS D'UN COUP!
car

22

TOUT COMPTE FAIT
12

23

MÉLI-MÉLO
ressert

24

TOUJOURS PLUS
million

25

LA RONDE DES LETTRES
U. Les lettres se suivent en ordre alphabétique, et on en saute trois à chaque fois.

26

LE MOT DE LA FIN
ment

ÉTOILES EN FOLIE
1. bras 2. boit 3. trop 4. port 5. tact
6. pics

CHAQUE NOMBRE À SA PLACE

5		5		9		6			7	5	2	3	6	0
4	9	8		1	0	6	0		3		4		3	
6		5		4		0		1	0	3	9	3	6	2
8	0	2	6	5		5				3				
2		5			7	6	4	5		7	0	3	0	
8	5	4		2	0	1	6		8			0		
	4	1	8		7		9	3	9	4	0	6		
	9		7	4	8	6	5	1	2		0			
4	7	4	9	3	4		9		2	6	9			
	6		0		8	1	0	7		9	2	2		
9	8	4	4		6	0	8	2		6		0		
	5				2		1	8	3	4	1			
8	5	5	7	8	1	6	2		1		2	4		
7		8		4		9	5	4	3		3	1	9	
8	1	4	0	7	3		9		9		7		5	

EN MILLE MORCEAUX
colle

CAMOUFLAGE
1. Pérou 2. Norvège 3. Italie

37 **QUI SUIS-JE?**
monde

38 **LE CERCLE MAGIQUE**
1. vite 2. rite 3. cité 4. cire 5. curé
6. mûre 7. mire 8. mite

39 **LE FRUIT INVISIBLE**
prune

40 **LA ROUE DES NOMBRES**
2. Chaque nombre est divisé par deux.

41 **À TABLE!**
1. verre 2. poivre 3. viande

42 **LE CHAÎNON MANQUANT**
mon

43 **À DOUBLE SENS**
bons/snob

44

LES QUATRE COINS

O	U	R	S
U	N	I	E
R	I	E	N
S	E	N	S

45

À VISAGE DÉCOUVERT
Carole

46

ÉQUATION VERBALE
a + vis = avis

47

UN PEU D'ORDRE!
1. cône 2. cube 3. carré 4. cercle
5. rectangle

48

MÉLI-MÉLO
postier

49

POURTOUR
16

LE MOT DE LA FIN

neige

QUATRE TROUS D'UN COUP !

son

QUART DE TOUR

	M	O	R	D				
	O	B	E	I				
	R	E	E	R				
P	E	R	D	I	R	E	D	E	N
E	T	A	U			D	E	M	I
R	A	P	E			E	M	U	E
D	U	E	S	O	I	N	I	E	R
	O	R	N	E				
	I	N	D	U				
	N	E	U	F				

MÉLI-MÉLO

Messire

54

CRÈME GLACÉE

1. Ben – chocolat   2. Liza – orange
3. Alain – vanille   4. Katie - pistache

55

LE TOUR EST JOUÉ

Tu laisses dans le sac en plastique la casquette que tu donnes à la cinquième personne.

56

ÉQUATION VERBALE

ver + seau = verseau

57

UNE TÊTE BIEN PLEINE

C, qui totalise 22.

58

LE CHAÎNON MANQUANT

quoi

59

MOTS À LIER

1. c, 2. e, 3. f, 4. a, 5. d, 6. b

60

MÉLI-MÉLO

parties

61

LE NOMBRE PASSE-PARTOUT

Huit. Le mot formé est «huître».

62

LE DONJON DE LA MORT

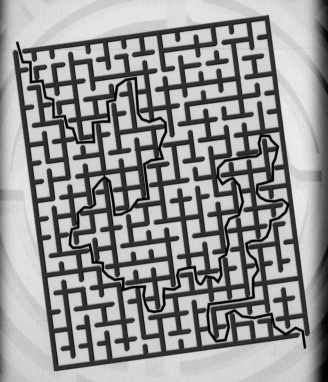

63

LE MOT DE LA FIN

pot

64

MOTS AU CARRÉ

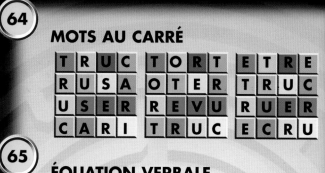

T	R	U	C
R	U	S	A
U	S	E	R
C	A	R	I

T	O	R	T
O	T	E	R
R	E	V	U
T	R	U	C

E	T	R	E
T	R	U	C
R	U	E	R
E	C	R	U

65

ÉQUATION VERBALE

dé + tente = détente

66

QUATRE TROUS D'UN COUP !

pas

67

QUESTION D'OBSERVATION

La croix. Elle peut faire partie de six rectangles tandis que l'étoile ne peut faire partie que de cinq.

68

CAMOUFLAGE

ourse

69

LE CHAÎNON MANQUANT

he

70

LES NOMS PROPRES

Jennifer

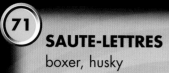

71
SAUTE-LETTRES
boxer, husky

72
DANS LA BERGERIE
Le numéro 6. Regarde ses yeux.

73
À DOUBLE SENS
tracé/écart

74
FRUITÉ
L'orange.

75
CAMOUFLAGE
1. argent 2. zinc 3. fer 4. étain 5. or

76
LA ROUE DES NOMBRES
30. Les chiffres représentent le nombre de jours des mois à partir de janvier.

77
LE NOMBRE PASSE-PARTOUT
Cinq. Le mot formé est « cinquième ».

78 **LA PYRAMIDE**

79 **MÉLI-MÉLO**

braille

80 **DISQUES COMPACTS**

32. Les CD de pop, danse et rock représentent les sept huitièmes de la collection, c'est-à-dire une moitié + un quart + un huitième. Les CD de bandes sonores représentent forcément le huitième restant. Ils sont au nombre de quatre. 8 x 4 = 32.

81 **LE CHAÎNON MANQUANT**

terre

LE COUP DU CHAPEAU

LE MOT DE LA FIN

son

D'UNE GRILLE À L'AUTRE

F	R	I	O	N	S
T	A	U	L	I	C
E	M	J	B	L	A
N	I	M	O	L	R
T	E	I	O	U	T
E	S	S	E	S	E

C	A	R	T	E
A	M	I	E	S
R	I	O	N	S
T	E	N	T	E
E	S	S	E	S

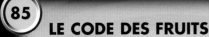

85

LE CODE DES FRUITS
1. pomme 2. raisin 3. citron 4. cerise

86

POINTS DE REPÈRE
7

87

LA BONNE PAIRE
3

88

LA ROUE DES NOMBRES
15. On soustrait 7 de chaque nombre.

89

À VISAGE DÉCOUVERT
Dorothée OU Diane

90

SAUTE-LETTRES
beige, mauve

91

VIDÉO PLUS

V	I	D	E	O		A	N	I	M	A
I		A		U	N	I		D		M
L	I	M	E	R		D	I	E	T	E
L		E		S	P	A		A		N
A	I	S	E		E		E	L	U	E
	L		M	U	T	E	R		S	
R	E	L	U		I		E	M	E	T
A		I		O	T	E		A		H
C	O	T	O	N		M	Y	T	H	E
E		R		D	R	U		I		M
S	C	E	N	E		S	A	N	T	E

92

À DOUBLE SENS

serres/serres

93

L'HEURE JUSTE

L'horloge n° 3 parce que d'une horloge à l'autre, l'aiguille des minutes recule chaque fois de cinq minutes et celle des heures avance de deux heures.

94

MÉLI-MÉLO
machine

95

D'UN COUP D'ŒIL
Les deux traits sont de la même longueur.

96

QUATRE TROUS D'UN COUP !
cas

97

ÉQUATION VERBALE
pois + son = poisson

98

LE BILLET GAGNANT
A est Antoine qui a gagné la boîte de chocolat
avec le billet 555.
B est Laura qui a gagné le livre avec le billet 444.
C est Sarah qui a gagné le robot avec le billet 156.
D est Steve qui a gagné le ballon de plage
avec le billet 463.

99

LE MOT DE LA FIN
dire

100

DANS LE MILLE
18 + 39 + 43

101 MOSAÏQUE

102 SAUTE-LETTRES
avion, train

103 NI PLUS NI MOINS
1. acteur 2. trace 3. race 4. car 5. trac
6. écart 7. tacher

104 LE CHAÎNON MANQUANT
chou

105
JAMAIS LE MÊME

106
MÉLI-MÉLO
section

107
À L'ABRI !
1. niche 2. étable 3. écurie 4. antre
5. tanière

108
À DOUBLE SENS
sinuer/réunis

109
QUATRE TROUS D'UN COUP !
pure

110
ÉQUATION VERBALE
mer + cure = mercure

(111)

LA ROUE DES NOMBRES
78. On ajoute 13 à chaque nombre.

(112)

NÉGATIF
NON. On peut le lire aussi bien la tête en bas que de droite à gauche ou de gauche à droite.

(113)

À LA TRACE
La trace n° 9.

(114)

CAMOUFLAGE
raisin

(115)

LE GRAND DÉCOMPTE
14 pentagones totalisent 70 côtés.
23 triangles totalisent 69 côtés. 8 octogones totalisent 64 côtés.

(116)

LE CHAÎNON MANQUANT
de

(117)

LE MOT DE LA FIN
prendre

MOTS CROISÉS

T	O	N	N	E	R	R	E	S
E			O		E			E
R		P	I	L	E	S		N
R	O	U	X		L	O	I	S
I		N			D			A
F	O	I	S		V	A	U	T
I		R	A	M	E	S		I
E			L	U				O
R	E	C	E	P	T	I	O	N

EN FORME !

Chaque triangle vert vaut 5. Le cercle rouge vaut 1.

5 + 5 + 5 = 15.

LA BOÎTE À MUSIQUE

harmonica

S.O.S.

1. sons 2. sosies 3. sportifs 4. saucissons
5. sourcils 6. salons 7. sols

LA RONDE DES LETTRES

P. L'alphabet est à l'envers et on saute
une lettre à chaque fois.

130

MÉLI-MÉLO
artiste

131

EN HAUT, EN BAS?
13 flèches pointent vers le haut et 14 vers
le bas.

132

LE MOT DE LA FIN
loir

133

LE NOMBRE PASSE-PARTOUT
Un. Le mot formé est « toundra ».

134

CAMOUFLAGE
lion

135

ÉQUATION VERBALE
pour + suite = poursuite

136

LE SERPENT SOURNOIS
Le serpent E.

137

À VISAGE DÉCOUVERT
Constant

138 SAUTE-LETTRES

hêtre, chêne

139 QUATRE TROUS D'UN COUP!

tard

140 LA ROUE DES NOMBRES

720. Le premier nombre est multiplié par 2,
le deuxième par 3, le troisième par 4 et le
quatrième par 5, donc 6 x 120 = 720.

141 À DOUBLE SENS

recaler/relacer

142 LE CHAÎNON MANQUANT

lieu

143 ÉQUATION VERBALE

contre + temps = contretemps

144 TU VOIS ROUGE!

Au moins trois voitures.